2022년 5월 25일 1판 2쇄 **펴냄**
2022년 3월 25일 1판 1쇄 **펴냄**

펴낸곳 (주)효리원
펴낸이 윤종근
글쓴이 · 그린이 이규경
등록 1990년 12월 20일 · **번호** 2-1108
우편 번호 03147
주소 서울시 종로구 삼일대로 457, 406호
전화 02)3675-5222 · **팩스** 02)765-5222

ⓒ2003 · 2022, (주)효리원

잘못 만들어진 책은 구입하신 서점에서 바꾸어 드립니다.
ISBN 978-89-281-0718-6

이메일 hyoreewon@hyoreewon.com
홈페이지 www.hyoreewon.com

생각이 깊어지고 머리가 맑아지는

짧은 동화 긴 생각

이규경 글·그림

머리말

눈에 보이지 않는 작은 원자들이 모여 분자가 되고, 그 분자들이 모여 보고 만질 수 있는 물질이 됩니다. 이 세상은 보이는 것만 존재하는 것이 아닙니다. 보이지 않는 세상이 보이는 세상보다 훨씬 더 넓습니다.

사람도 마찬가지입니다. 겉보다는 속이, 몸보다는 마음이 더 복잡하고 다양하며 신비롭습니다.

산에 가는 사람들에게 물어봅니다.

"왜 산에 가십니까?"

그러면 그들은 한결같이 대답합니다.

"그곳에 가고 싶으니까요."

또 바다에 가는 사람들에게 물어봅니다.

"왜 바다에 가십니까?"

그러면 그들 역시 이렇게 대답합니다.

"바다를 좋아하니까요. 바다에 가고 싶으니까요."

그렇습니다. 보이지 않는 마음이 우리들 몸을 움직이게 합니다. 그래서 마음이 참 중요합니다. 아무리 재미있는 책이 있어도 마음 내키지 않으면 이 핑계 저 핑계를 대면서 읽지 않겠지요. 그러니 우리 생각과 마음을 늘 긍정적으로 밝게 가져야 합니다.

이 책은 공부하는 틈틈이, 쉬는 틈틈이 부담 없이 읽을 수 있도록 짤막한 내용의 글에 그림을 곁들였습니다. 햄버거나 피자보다 맛이 없을지 모르지만, 색다른 맛이 나는 좋은 간식거리는 될 것입니다.

이 책을 읽는 어린이들이 몸단장을 하면서 마음단장까지 하는 사람이 되기를 바라면서, 이 책이 어린이들의 마음속에 오래도록 남는 양식이 되길 기원합니다.

글쓴이 이규경

차례

제1장

생각이 깊어지는 이야기

메아리 — 14	방석과 소파 — 28
내 마음 — 15	아직도와 벌써 — 29
그 아이 웃음 — 16	말 — 30
네가 내 옆에 있다면 — 17	그게 아니었나 봐 — 31
효도 — 18	책 — 32
엄마의 눈 — 20	좋은 일 — 33
지우개와 저울 — 21	흰구름 먹구름 — 34
남의 말 — 22	나 — 36
하수도 공사 — 23	희망 — 37
바본가 봐 — 24	말 — 38
우산 — 25	개미 — 39
그릇 — 26	아름다운 개미 — 40
	나도 그래 — 42
	지렁이 머리 — 43
	때 — 44
	정신 — 45

흉	46	어리석은 끈기	62
꿈	47	이렇게 산답니다	64
함정	48	그게 아니었다	65
기억	50	부스럼 약	66
때와 장소	51	걱정	67
나이 자랑	52	욕심	68
싸움	54	샘퉁이	70
원인	55	입 벌리는 이유	71
간사한 얼룩말	56	피장파장	72
네 생각	57	꼭 필요한 책	73

제2장
마음이 넓어지는 이야기

		아니라니까	74
		미로 찾기	75
산마을	60	숫기 없는 수탉, 꾀 많은 암탉	76
바람	61	달마중	78
		배꼽	79

장 담그기 … 80	마음 … 98
멍 … 81	가을 바람 … 99
모방과 창작 … 82	기도 … 100
착한 바보 … 83	스위치 … 102
생각 … 84	꼬집으면 … 103
미래 … 86	
눈물 … 87	

제3장
웃음이 피어나는 이야기

귀와 눈 … 88	
철없는 고양이 … 89	
굼벵이와 나무 … 90	고자질 … 106
화난 나비 … 92	구름새 … 107
그러니? … 93	참는다는 것 … 108
잔소리 … 94	모자 … 110
욕하는 게 아니에요 … 95	트집 … 111
잠시 동안이어야 해요 … 96	그렇지 않네요 … 112
	추운 날 … 113

약(1)	114	낚시	131
감쪽같은 것	115	멋진 경험	132
머릿속에 꽃씨를 뿌리면		약(2)	133
	116	소망	134
원수 된 이유	118	게으름뱅이	136
신호등	119	용기	138
충고	120	꼴찌	139
시계	121	비누	140
쓸모	122		
핑계	123		
이치	124		
새 마음	125		
아름다운 것	126		
엄마와 아이(1)	128		
엄마와 아이(2)	129		
효자손	130		

제1장

생각이

깊어지는
이야기

메아리

산에는 메아리가 있어요.

"야호"라고 외치면
"야호"라고 대답해요.

사람들의 마음에도
메아리가 있나 봐요.

"사랑해"라고 말하면
"사랑해"라고 대답하고,
"네가 싫어"라고 말하면
"네가 싫어"라고 대답해요.

내 마음

내 마음 즐거우니
새소리도 즐겁네요.

내 마음 즐거우니
구름 흘러가는 것도 즐겁네요.

내 마음 즐거우니
공부하는 것도 즐겁고,

내 마음 즐거우니
놀림받는 것도 즐겁네요.

그 아이 웃음

그 아이 웃음 초콜릿인가 봐요.
아이들이 다 좋아해요.

그 아이 웃음 아이스크림인가 봐요.
아이들이 다 좋아해요.

아니 아니, 그 아이 웃음
자석인가 봐요.

아이들이 모두
그 아이를 따라다녀요.

네가 내 옆에 있다면

네가 내 옆에 있다면
나는 글씨를 왼손으로 쓸 거야.
문도 왼손으로 열고
숟가락질도 왼손으로 할 거야.
그림을 그릴 때도 왼손으로 그리고,
세수를 할 때도 왼손으로 할 거야.
오른손으로, 내 오른손으론
네 손을 꼭 잡고 있어야 하니까.

효도

배 주머니가 항상 불룩한
엄마 캥거루가 있었습니다.

이웃에 사는 캥거루가
이상해서 물었습니다.

"아니, 아주머니 아이들은
모두 자라 밖으로 나왔잖아요."

"그런데 그 속엔
무엇이 들어 있어
그렇게 늘 불룩하죠?"

그 말에 엄마 캥거루는
웃으며 대답했지요.

"그 아이들이 다 자라서 이젠
엄마에게 매일 먹을 걸
가져다 준답니다. 이 주머니 속엔
먹을 것들이 들어 있답니다."

엄마의 눈

엄마의 눈앞에서
아기는 꽃입니다. 샘물입니다.

하얀 구름 송이입니다.
맑은 이슬입니다.

엄마의 눈앞에서
아기는 햇빛입니다. 달빛입니다.

세상에서 제일 귀한 보배입니다.
희망입니다.

지우개와 저울

마음 지우는 지우개 하나
있었으면 좋겠어요.

친구 미워하는 마음 좀 지우게요.
친구 질투하는 마음 좀 지우게요.

마음 다는 저울 하나
있었으면 좋겠어요.

노력하는 내 마음이
얼마나 되는지 달아 보게요.
사랑하는 내 마음이
얼마나 되는지 달아 보게요.

남의 말

내가 부르는 노래
내가 잘 들을 수 없고

내가 추는 춤
내가 잘 볼 수 없네.

그리고 내 욕심
내가 잘 알 수 없네.

내 것인데 왜 그럴까?
남의 말을 귀담아
들어야겠네.

하수도 공사

아파도 울지 않는 아이,
슬퍼도 울지 않는 아이.

혼자 외톨이가 되어도
괜찮아요, 괜찮아.

얘, 넌 눈물이 없는 모양이구나.

눈물이 없긴요.
하수도 공사가 잘 돼 있어
속으로 흐를 뿐이지요.

바본가 봐

내 눈 바본가 봐.

남의 얼굴 보면서
내 얼굴은 못 보니.

내 머리 바본가 봐.

나는 생각하면서
남을 생각할 줄 모르니.

우산

비 오는 날이었어요.
낯선 아이가 내 우산 속으로
뛰어들었어요.
"그래, 같이 가자."
우리는 나란히 우산을 받쳐 들고 갔어요.
우산 하나를 두 사람이 쓰다 보니
반은 서로 비를 맞았지요.
반은 서로 비를 맞은 대신
반은 서로 친구가 되었어요.
그래요.
나누어 쓴다는 것은 정말
좋은 일이에요.

그릇

빈 그릇이 있었습니다.

어떤 아이가 와서 그 그릇에
물을 담았습니다.
그래서 물그릇이 되었습니다.

그러나 어떤 아이가 오더니
그 그릇에 쓰레기를 담았습니다.
그릇은 그만 쓰레기통이
되고 말았습니다.

어느 날, 어떤 아이가 쓰레기를 비우고
그 그릇에다 예쁜 꽃을 심었습니다.
그릇은 예쁜 화분이 되었습니다.

그렇습니다.
담기는 것에 따라
그릇의 이름이 달라집니다.

가만히 생각해 보세요.
우리들 마음속에 어떤 것을
담아야 할지.

방석과 소파

난 큰 소파보다
작은 방석이 좋아요.

방석은 손님이 오면
반갑게 뛰어나가
손님을 맞이하지만,

소파는 그 자리에
가만히 앉아

손님이 자기한테 오기를
기다리니까요.

아직도와 벌써

아직도라고 생각하지 말고
벌써라고 생각해 봐.

또 벌써라고 생각하지 말고
아직도라고 생각해 봐.

아직도를 벌써라고 생각하면
지루함이 사라지고,
벌써를 아직도라고 생각하면
조급함이 사라져.

어때, 내 말 맞지?
아직도 내 말 못 알아들었니?

벌써 알아들었어.

말

이제부터 쓸데없는 말은
절대 안 할 거야.

말이 많아서 도움되는 일은
별로 없다고 생각했거든.

그런데 얘,

내가 왜 갑자기 이런 생각을
하게 되었는지 자세히 한번
들어 볼래?

그게 아니었나 봐

이 개가 날 좋아하나 봐요.
아까부터 꼬리를 흔들고 있어요.

개도 아는가 봐요.
잘생긴 사람,
똑똑한 사람을…….

맛있게 잘 먹었다.

아니, 그게 아니었나?
잘생겼다고 꼬리 흔든 게 아니었나?

책

좋은 책은
어떤 책인지 아니?

비싸다고 좋은 책이 아니야.
내용이 머리에 쏙쏙 들어오는
책이 좋은 책이야.

나쁜 책은
어떤 책인지 아니?

내용을 억지로 머릿속에
집어넣어도 밖으로 자꾸
도망가는 책이야.

좋은 일

좋은 일 한 번
할 때마다
마음이 넓어져요.
좋은 일 한 번
할 때마다
어른스러워져요.
정말이에요.
좋은 일 한 번
할 때마다
얼굴이 자꾸
예뻐져요.

흰구름 먹구름

흰구름들이 동동 하늘 높이
떠 갑니다.

먹구름들이 그 아래로
바쁘게 지나갑니다.

밝고 고운 흰구름
사람들은 흰구름을
좋아하지요.

어둡고 우울한 먹구름,
사람들은 먹구름을 싫어하지요.

그러나 한번 생각해 보세요.

메마른 대지에 비를 내려 주는 건
사람들이 좋아하는 흰구름이 아니라
사람들이 싫어하는 먹구름이에요.

나

네 마음속에
내가 있지?

찾아봐도 없다고?

너는 지금
내 마음속에 있는데…….

그럼 난 어디 갔지?
누구한테 갔지?

희망

가진 것을 잃었다고
슬퍼하지 마.

그리고 포기해서도 안 돼.
희망을 가져야 해.

이것 좀 보렴.

나도 이렇게
희망을 갖고 있잖니.

말

돌이는 거칠게 말해요.
그래서 곧잘 남의 마음을
다치게 해요.

순이는 빙빙 돌려 말해요.
그래서 남의 마음을
어지럽게 해요.

그러나 향이는
언제나 바르고 부드럽게
말해요.

그래서 언제나 남의 마음을
편안하게 해 줘요.

개미

몸 작은 개미
다리 길이만큼 내딛고
입 크기만큼 웃네요.
팔 길이만큼 끌어안고
머리 크기만큼 생각하네요.
몸이 작으니 욕심도 적고
욕심 적으니 괴로움도 적네요.

아름다운 개미

배가 고픈 개미들이
먹을 것을 찾아 물고 오네요.

빵 부스러기를 물고 오는 개미
과자 부스러기를 물고 오는 개미.

어떤 개미는
날파리 한 마리를 물고 오는군요.

욕심 많은 개미는
커다란 굼벵이 한 마리를
물고 옵니다.

그런데 마지막에 오는
저 작은 개미 좀 보세요.

배 고픈 걸 참으며
향기 나는 꽃을 물고 오네요.
참 아름다운 개미네요.

나도 그래

네가 준 책
너무너무 재미있더라.

머리에 쏙쏙 들어오던걸!

나도 그래.

네가 준 과자
너무너무 맛있어.
입에 쏙쏙 들어오더라.

지렁이 머리

저 지렁이
머리가 어느 쪽인지 아니?

지렁이는 머리가 없잖아.

아니야, 있어.
돈을 던져 봐.
그럼 알게 될 거야.

봐, 고개를 드는 쪽이
머리야.

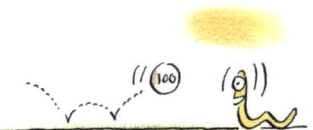

때

놀 때는 열심히 놀고
공부할 때는 열심히 공부하라고
우리 아빠가 말씀하셨어.

사람에겐 다 때가 있다고
말씀하셨어.

그래, 그 말이 맞아.
이 세상에 때 없는 사람은
없단다.

그래서 우리 목욕탕은
늘 만원이란다.

정신

어제 나랑 한 약속
잊었니?

정신이 있는 거니
없는 거니?

도대체 정신을
어디다 두고 다니니?

응, 내 정신 지금 집에 있어.
집에 정신 쓸 일이 좀
있어서…….

흉

새 옷에 새 신 신고
으스대던 아이.

꿰맨 양말 신은 나를
흉보던 아이.

장난치다 발을 다쳤대요.

쯧쯧!
꿰맨 양말 흉보더니
자기는 발을 꿰맸나 봐요.

꿈

"사람은 꿈을 가지고 살아야 한단다."
선생님이 말씀하셨어요.
그러자 돌이가 말했어요.
"선생님, 전 새처럼 나는 게 꿈이에요. 푸른 하늘을 마음껏 날아다니고 싶어요."
순이가 말했어요.
"전 꽃나무를 키우고 싶어요. 무지개처럼 아름다운 꽃밭을 갖고 싶어요."
"그래, 그럼 이번엔 석이가 말해 보렴."
"선생님, 석이는 지금 자고 있어요. 꿈을 꾸려고요."

함정

욕심 많은 사냥꾼이 있었습니다.

"작은 짐승은 시시해!
이제 큰 짐승을 잡아야지."

사냥꾼은 짐승이 다니는
길목에 함정을 파기로 했습니다.

"큰 짐승을 잡으려면
큰 함정을 파야 해."

그는 넓고 깊게
함정을 팠습니다.
"이젠 됐다."

함정을 다 판 사냥꾼은
함정 밖으로 나오려 했지만,
자기가 판 함정이 너무 깊어
밖으로 나올 수 없었습니다.

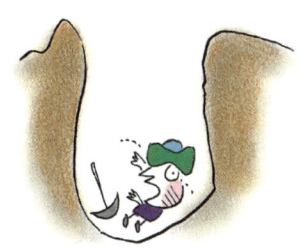

기억

그 아이와 헤어졌어요.

아직도 남아 있는
그 아이의 기억은

이제 곱게 싸서

우체국에 가 부칠 거예요.

때와 장소

웃는 건 좋아.
그러나 때와 장소를
가려서 웃어야지.

초상집에 가서 웃으면
욕먹어.

우는 건 좋아.
그러나 때와 장소를
가려서 울어야지.

잔칫집에 가서 울면
욕먹어.

나이 자랑

두 나무가 서로
나이 자랑을 하고 있었어요.

"내 나이가 많다!"
"아니야, 내 나이가 더 많아!"

지나가던 나무꾼이
그걸 보았어요.

"누구 나이가 많은지
내가 가려 줄게."

"나이테를 보면
알 수 있으니까."
나무꾼은 두 나무를 잘랐어요.

"둘이 똑같군그래."
나이 자랑을 하던 두 나무는
모두 잘리고 말았답니다.

싸움

아이들이 동전 한 개 때문에
서로 싸웠어요.

싸우다 간 자리에
달려가 보니

동전 세 개가 떨어져 있네요.

동전 한 개 때문에 싸우다가
동전 세 개를 잃고 갔네요.

원인

눈 때문에 머리가 아프면
안과엘 먼저 가야지요.

머리 때문에 눈이 아프면
신경과엘 먼저 가야지요.

그래요, 무엇이 원인인지
원인을 먼저 알아야 해요.

어떤 일이든 먼저 원인을 찾아
원인을 고쳐야 해요.

간사한 얼룩말

간사한 얼룩말은 흰 말을 만나면
이렇게 말합니다.

"난 원래 흰 말이야.
검은 무늬가 조금 있을 뿐이지."

검은 말을 만나면
이렇게 말합니다.

"난 원래 검은 말이야.
흰 무늬가 조금 있을 뿐이지."

네 생각

비 오는 날,
내 머릿속의 네 생각.

"얘, 이제 그만 떠나가라고
가랑비가 내려!"

그러자 네 생각은
고개 흔들며

"아니야, 더 있으라고
이슬비가 내려!"

제2장

마음이

산마을

산마을에 해가 져요.

산마을에는
해 떨어지는 소리가
들리는가 봐요.

해질 때
부엉이가 잠 깨는 걸 보면,
박쥐가 잠깨는 걸 보면.

달님이 놀라
고개를 쏘옥 내미는 걸
보면…….

바람

마파람은 남쪽에서 불어오는 바람이고,
하늬바람은 서쪽에서 불어오는 바람이지요.
산바람은 산에서 불어오는 바람이고,
강바람은 강에서 불어오는 바람이지요.
신바람은 우리들 마음속에 부는 바람이에요.
신바람이 나면 몸이 들썩거려요.

어리석은 끈기

크고 튼튼한 집게발을 가진 어리석은
게 한 마리가 있었습니다.

그 게는 늘 자기의 튼튼한
집게발을 내보이며
친구들에게 자랑을 했지요.

난 무엇이든 한번 물면 놓지 않아!
절대 놓지 않아."

친구들은 모두 겁을 먹었어요.
게는 더 기고만장해졌지요.

어느 날, 어리석은 그 게는
낚시꾼의 낚싯대를 물고 가며
친구들에게 소리쳤습니다.

난 한번 물면 놓지 않아!
절대 놓지 않아!"

이렇게 산답니다

요즘은 통 먹을 것이 없답니다.

먹을 것이 없어 입에 이렇게
거미줄이 쳐졌답니다.

그럼 어떻게 사느냐고요?

이렇게 거미를 잡아먹고
산답니다.

그게 아니었다

철이와 싸웠어요.

철이가 먼저 내 앞에
무릎을 꿇었어요.

나는 내가 이겼다고
소리쳤지요.

그러나 그게 아니었어요.
철이는 무릎을 꿇고
내 다리를 물어뜯었어요.

부스럼 약

내가 준 것 다시 내 놔!

치사하다, 가져가렴!

줬다가 뺐으면
부스럼이 난댔어!

괜찮아.
이게 바로 부스럼 약이야.

걱정

말을 배우는 내 동생,
엄마라고 가르쳐도
자꾸 음매라고 말하네.
참 걱정되네.
엄마 젖을 안 먹고
우유를 먹어서 그럴까?
자꾸 음매라고 말하네.

욕심

거미 두 마리가 줄을 쳐서
집을 지었습니다.

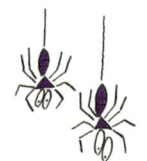

한 거미는 욕심이 많아
큰 집을 지었습니다.

한 거미는 분수에 맞게
작은 집을 지었습니다.

큰 거미집에는 많은 벌레들이
걸렸습니다.

작은 거미집에는 몇 마리의
벌레만이 걸렸습니다.

지나가던 새가 큰 거미집의
많은 벌레들을 보고 달려들었습니다.
거미도 그만 잡아먹히고
말았습니다.

샘통이

남 잘되는 것 보고
심술 내는 사람은 샘통이지요.

남 안 되는 것 보고
좋아하는 사람은 샘통이지요.

남을 모르고 자기만 아는
사람은 샘통이지요.

세상에서 제일 어리석은
사람이 샘통이지요.

입 벌리는 이유

입 벌리고 다니는 사람은
바보래.

그건 나도 알아.

알면서 왜 입을
벌리고 다니니?

내가 바보라는 사실을
알고 기가 막혀
입을 벌리고 있는 거야.

피장파장

난 공부하는 걸 좋아해.

그런데 책 보는 게 싫어.

나도 그래.
저 닭고기가 꼴도 보기
싫거든.

그런데 먹는 걸 좋아해.

꼭 필요한 책

아빠가 아주 두꺼운 책을
사 오셨어요.

집에 두면 꼭 필요한
책이란다.

그렇네요, 정말 필요한
책이네요.

여러 가지로
쓰이네요.

아니라니까

우리 아빠 요즘
태산이 걱정이야.

'태산이 걱정'이 아니고
'걱정이 태산'이라고
하는 거야.

아니라니까!
'걱정이 태산'이 아니고
'태산이 걱정'이라니까.

저것 봐, 저 태산이
걱정이란 말이야.

미로 찾기

미로 찾기 어렵지요?
찾다가 못 찾으면 그만두고 싶지요?
그렇다고 포기하지 마세요.
뚫린 길은 꼭 있답니다.
하는 일 잘 안 되면 그만두고 싶지요?
그렇다고 포기하지 마세요.
해결 방법은 꼭 있답니다.

숫기 없는 수탉, 꾀 많은 암탉

숫기 없는 수탉이
먹이를 찾아 두리번거리고
있었습니다.

그때, 굼벵이 한 마리가
꿈틀거리며 기어 나왔습니다.

"야, 맛있는 굼벵이다!"
수탉은 굼벵이를 보고 재빨리
달려들었습니다.

그 모습을 보고 있던 꾀 많은
암탉이 이맛살을 찌푸리고
말했습니다.
"아이, 불결해!"

그 말을 들은 수탉은 멋쩍은 듯
슬그머니 자리를 피했습니다.

수탉이 가고 나자,
암탉은 재빨리 그 굼벵이를
꿀꺽 삼켰습니다.

달마중

순이야, 오늘 밤
달마중 가자.

안 돼!
오늘 밤에 비 온댔어.

비가 오면 어때?

우산 쓰고 가면 되잖아!

배꼽

굼벵이 기어가는 것만 봐도
깔깔 웃는 순이.

그만 웃어라,
배꼽 빠지겠다.

깔깔깔,
배꼽이 빠진다고?

이렇게 미리 반창고로
붙여 놓았어.

장 담그기

오늘은 우리 집
장 담그는 날이에요.

엄마는 간장, 된장, 고추장을
다 담갔어요.

참! 빠진 장이 또 하나
있구나.

엄마는 마지막으로
장 항아리에 모기장을
덮었어요.

멍

내 마음 멍들게 한 그 아이,
잊을 수 없어요.

지금은 멍도 사라졌고
그 아이도 사라졌지만,

어쩌다 나처럼 마음 다친
아이를 보면…….

멍들었던 그 자리가
다시 아파와요.
그 아이가 다시 생각나요.

모방과 창작

조기와 부세는 비슷하게
생겼어요.
그러나 맛이 다르지요.

고등어와 전갱이는
비슷하게 생겼어요.
그러나 맛이 다르지요.

그래요.
모방과 창작은 비슷해요.

하지만
그 가치가 다르지요.

착한 바보

감 두 개에 감 두 개를 더하면
몇 개가 되는지 난 몰라요.
사과 세 개에 사과 세 개를 더하면
몇 개가 되는지 난 몰라요.
하지만 난 알아요.
감도 맛있고 사과도 맛있다는걸…….
그리고 그 맛있는 감과 사과는
혼자 먹어서는 안 된다는 것을,
같이 나누어 먹어야 된다는 것을
나는 알아요.

생각

사람은 생각이
몸을 끌고 다닌답니다.

그래서 생각이 산에 있으면
몸도 산으로 가고,

생각이 바다에 있으면
몸도 바다로 가지요.

생각을 오락실에 한번 둬 보세요.
몸은 그곳으로 가고 싶어
안달을 하지요.

우리들의 생각
어디에 둬야 할까요?

밝고 아름다운 곳에
둬야겠지요.
높고 귀한 곳에
둬야겠지요.

미래

가 보지 않은 길은
물어서 가야지요.

가 보지 않은 길은
잘 살펴서 가야지요.

미래는 가 보지 않은
길이에요.

그러니까 앞서 간 어른들께
물어서 가야지요.
잘못되지 않게 잘 살펴서
가야지요.

눈물

널 기다리며 눈물을 흘렸어.
정말이니?

난 몰랐어. 네가 그렇게까지
날 생각하는 줄…….

네 마음 알고 나니
나도 눈물이 나는구나.

아니야.
기다리다 지루해서 하품을
했더니 눈물이 나던걸!

귀와 눈

귀에도 눈이 있나 봐요.

눈을 감고 있어도
도란도란 속삭이는 소리,
그 소리에 그 애 얼굴이
보여요.

눈에도 입이 있나 봐요.

말을 하지 않아도
가만히 지켜보는 눈동자,
그 눈동자가 많은 말을 해요.

철없는 고양이

철없는 고양이 한 마리가
배가 고파 먹을 것을 찾으러 다니며
울었습니다.
"배고프다! 야옹.
배고프다! 야옹."
쥐들이 그 소리를 듣고
다 숨어 버렸습니다.

굼벵이와 나무

굼벵이 한 마리가
꿈틀꿈틀 기어갑니다.

가다가 쉬고 가다가 쉬고,
이곳저곳 기웃거리며
세상 구경을 합니다.

굼벵이는 눈앞에 서 있는
큰 나무를 보았습니다.

"나무야, 넌 참 불행하구나.
나처럼 이렇게 마음대로
다니며 세상 구경도 못하고."

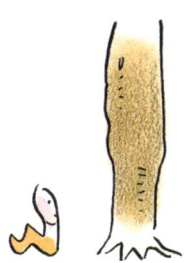

그 말에 나무도 말했습니다.

"너야말로 정말 불행하구나.
애써 힘들게 돌아다녀야 하니…….
난 이렇게 가만히 서 있어도
넓은 세상을 한눈에 다
볼 수 있단다."

화난 나비

나비가 화를 내고 있어요.
하얗게 눈을 흘기며
씩씩대고 있어요.

아저씨는 미안해서
머리를 긁적긁적,
힐끔힐끔 곁눈질을 하네요.

꽃 찾아 멀리서
날아온 나비.

알고 보니 조화였네요.

그러니?

노래 잘 부르는 순이,
넌 콩나물만 먹니?

톡톡 잘 쏘는 영이,
넌 가시만 먹고…….

허풍선이 풍이,
넌 바람만 먹니?

그리고 툭하면 우는 은이,
넌 물만 먹고 사니?

잔소리

엄마가 쪽지를 남기고
외출하셨어요.

밥은 밥통에 있고
반찬은 냉장고에 있단다.

용돈은 서랍에 있으니
필요하면 꺼내 써.

그리고 엄마의 잔소리는
녹음기에 있단다.
꼭 틀어 보렴.

욕하는 게 아니에요

친구 욕하는 게 아니에요.
옆집 돌이네 강아지
툭하면 남의 신발 물어 가요.
아무도 없는데 혼자서 멍멍 짖고,
온 동네 싸다니며 오줌만 찔끔찔끔.
아무리 타일러도 알아듣지 못해요.
친구 욕하는 건 절대 아니에요.
강아지 욕만 하는 거예요.
그런데 있잖아요.
같이 살다 보면 강아지가
주인을 닮는대요.

잠시 동안이어야 해요

잠시 동안 비가 내린다면
꽃들은 새롭게 생기를 찾고,

잠시 동안 바람이 분다면
나무들은 더 굳게 설 수
있겠지요.

그러나
일 년 내내 비가 내린다면,
일 년 내내 바람이 분다면…….
어떻게 될까요?

꽃들은 짓물러 터져 버리고
나무들은 쓰러져 버리겠지요.

그래요, 우리들 가슴속…….

슬픔도 잠시 동안 머물러야겠지요.
흔들림도 잠시 동안이어야겠지요.

마음

내 마음 빼앗아 간 아이.

내 마음 뺏고도
모른 체하는 아이,
얄미운 아이.

미워하고 싶어도
미워할 수 없네요.

내 마음 뺏기고 나니
미워할 마음이 없네요.

가을 바람

가을 바람은 참 이상해요.
가을 바람엔 손이 있나 봐요.
아무리 옷깃을 여며도
옷깃을 헤치고 가슴속으로
파고드는 걸 보면…….

기도

꽃나무 한 그루가 있었습니다.

"하느님, 저는 빨간 꽃을 피우고
싶어요. 빨간 꽃이 피게 해 주세요."
꽃나무가 기도했습니다.

어느 날, 꽃나무는 옆에 피어난 노란 꽃을
보았습니다. 그래서 다시 기도했습니다.
"하느님, 노란 꽃이 더 예쁜 것 같아요.
 노란 꽃을 피우게 해 주세요."

얼마 후, 꽃나무는 다시 하느님께
기도했습니다. "하느님, 아무래도
파란 꽃이 제일 예쁜 것 같아요.
파란 꽃이 피게 해 주세요."

드디어 꽃나무가 꽃을 피웠습니다.

꽃나무는 꽃이 핀 자기 모습을 보고
깜짝 놀랐습니다. 빨간색과 노란색과
파란색이 한데 섞인 까만색 꽃이
피었기 때문입니다.

스위치

냉장고에도 스위치가 있고,
세탁기에도 스위치가 있고,

텔레비전에도
스위치가 있는데…….

우리 마음에는 왜 스위치가
없을까?

마음 조절하는 스위치가
왜 없을까?
하나 달아야겠네.

꼬집으면

"빙빙 돌려 말하지 말고
꼬집어 말해."

"어렵게 말하지 말고
꼬집어 말해."
"우물쭈물······."

"꼬집어 말하라니까."

"꼬집어 말하긴 싫어!
꼬집으면 네가 아프잖아."

제3장

웃음이

피어나는
이야기

고자질

하느님, 제가 늙어서 죽으면
하느님 앞으로 가겠지요.
그때, 다 말씀드릴게요.

내 물건을 빼앗아간 아이의 이름과
내 엉덩이를 걷어찬 아이의 이름과

나를 놀린 아이의 이름과
나를 놀라게 한 아이의
이름을…….

그래서 지금 공책에다
그 이름들을 적고 있답니다.

구름새

구름에는 구름을 닮은
구름새가 산답니다.

반듯이 누워 하늘을 보세요.

구름에 가려 보이지 않는다고
투덜대지 마세요.

언젠가 반쯤 고개를 내미는
아름다운 구름새를 꼭 볼 수
있을 테니까요.

참는다는 것

다투지 않기로 작정한
사람이야. 내가 참을게.

나도 마찬가지야.
내가 참지.

아니야, 내가 참는다니까!
아니야, 내가 참아!

애들아, 싸우지 마!

툭!
아이쿠!

그래요, 참는다는 건
말로 하는 게 아니라
마음으로 하는 거예요.

모자

모자가 너무 크구나.

네게 맞지 않으니
남을 주자.

싫어, 싫어.

욕심 많은 돌이,
욕심 때문에 머리를
다쳤다네.

트집

트집쟁이 순이가
날 초대했어요.

"너 혼자만 와,
알았지?"

그래서 혼자 갔지요.

그런데 트집쟁이 순이
또 트집잡네요.
"너 혼자 오랬는데
그림자는 왜 끌고 왔니?"

그렇지 않네요

멀리서 보니
서로 붙어 있어요.

그러나 가까이 가서 보니
그렇지 않네요.

멀리서 보니
참 다정들 하네요.

그러나 가까이 가서 보니
그렇지 않네요.

추운 날

밖에서 놀다 들어온 동생에게
엄마가 말씀하셨어요.

이런, 코가 빨갛게 얼었구나.
이리와 불을 쬐렴.

불을 쬐던 동생의 코에서
콧물이 툭 떨어졌어요.

동생이 놀라 소리쳤어요.
"엄마, 내 코가 녹아
없어지나 봐요."

약(1)

공부 못하는 돌이

요즈음 머리 좋아지는
약을 먹고 있다니
어디 가 보자.

아니, 성적이
그대로잖아!

이런, 맙소사!
머리털만 무성하게
자랐구나.

감쪽같은 것

감쪽같은 건
우리 큰엄마 속눈썹이 아니에요.
우리 큰아빠 가발이 아니에요.
내 신발에 감춰진
구멍난 양말이 아니에요.
감쪽같은 건, 정말로 감쪽같은 건….
내 마음속에 숨겨진
짝사랑이에요.

머릿속에 꽃씨를 뿌리면

내 머릿속에 꽃씨를 뿌리면
봄에는 많은 꽃들이 피어나겠지요.

빨갛고 파란 꽃밭으로
예쁜 새들이 날아올 테고.

벌 떼는 윙윙,
나비는 팔랑팔랑.

구름이 쉬었다 가면서
아름다운 무지개를 만들면

무지개 그늘 밑에서
나는 얼마나 즐거울까요?

내 머릿속에 꽃씨를 뿌릴 거예요.
그러면 꽃은 피고 또 피어나서
나는 천사보다 더 행복해지겠지요.

원수 된 이유

많고 많은 사람들 중에

어쩌다 너와 나
원수가 되었을까?

그래, 그 이유는
우리가 너무 가깝게 있었기
때문이야.

멀리 떨어져 모르고 지냈다면
원수가 될 리 없지.

신호등

비 오는 날 네거리의 신호등이
먼 추억에 잠긴다면 어떻게 될까요?
빨간불, 파란불, 불 켤 생각을 잊고
먼 추억에 잠긴다면…….
차들은 갈 길을 못 가고
조용하던 네거리가 엉망이 되겠지요.
그래요. 비 오는 날 신호등처럼
할 일 많은 사람이 엉뚱한 생각을 한다면,
모든 것은 엉망이 되겠지요.
큰일나겠지요.

충고

이래라저래라,
어쩌고저쩌고.

애야, 남을 타이르기 전에
먼저 자신부터
타일러야 한단다.

그렇구나.
내 자신부터 타일러야겠구나.

이래라저래라,
어쩌고저쩌고,
구시렁구시렁.

시계

할머니 시계는 해시계,
해를 보고 시간을 알아요.
내 시계는 배꼽시계,
때가 되면 배에서
꼬르륵꼬르륵
소리가 나요.

쓸모

구구셈은 물론
덧셈, 뺄셈도 못하는
아무짝에도 쓸모 없는 머리.

쓸모 없는 이 머리를
어디다 쓰지?

그래, 바로 그거야.
의자로 쓰면 되겠네.

그래, 바로 이거였어.
의자로 쓰니 편하네.

핑계

아빠, 저기 좀 보세요.
돌이네는 덥다고 산으로 가요.

아빠, 저기 좀 보세요.
순이네는 덥다고 바다로 가요.

얘야, 여기 좀 봐라.

선풍기가 싫다고
고개를 흔드는구나.

이치

말이 많은 사람보다

말없이 입을 꼭 다물고 있는
사람이 화를 내면 더 무서운
법이란다.

그 이치는

뚜껑을 꽉 막은 그릇에
물을 끓이는 것과 같은
이치란다.

새 마음

새 마음을 가지면
새 친구가 생겨요.
새 마음을 가지면
새 세상이 열려요.
새 마음을 가지면
새 눈이 열려요.
새 마음을 가지면
새 얼굴이 되지요.

아름다운 것

미술 시간이에요.
선생님이 말씀하셨어요.
"여러분이 본 것 중에
제일 아름다운 것을 그려 봐요."

순이는 예쁜 나비를 그렸어요.

돌이는 아름다운 무지개를
그렸어요.

그런데 석이는
은이의 눈물을 그렸네요.

석이가 말했어요.
"선생님, 저는 은이의
눈물이 제일 아름다웠어요."

"아픈 친구를 위로하며 흘린
은이의 눈물이 제일 아름다웠어요."

엄마와 아이 (1)

예쁘게 그려서

아빠한테 보여 줘야지.

나도 예쁘게 그려서

남편한테 보여 줘야지.

엄마와 아이(2)

엄마,
피아노 연주해 드릴게요.

엄마도 할머니를 위해
피아노를 연주해 드리세요.

할머니는 귀가 어두우시니
이렇게 하자.

애야, 시원하구나.

효자손

돌이는 자기 할아버지한테
효자손을 사 드렸대요.

저는 돈이 없어 못 샀어요.
제가 긁어 드릴게요.

애야, 고맙구나.

돌이가 산 건 진짜
효자손이 아니란다.
진짜 효자손은 네 손이란다.

낚시

아빠랑 같이 낚시터에
갔어요.

맑은 호수엔 고기들이 왔다 갔다,
흰구름도 한 점 빠져 있어요.

아빠는 큰 고기를 낚았어요.

나는 아름다운
추억거리를 낚았어요.

멋진 경험

아빠! 순이는 배를 타 보고,
돌이는 비행기를 타 봤대요.

얘야, 그런 건 하나도
부러워할 게 못 된단다.
어른이 되면 다 탈 수 있는
거란다.

대신 이 아빠가
정말 멋진 걸 태워 줄게.

아빠는 날 무동 태워 주셨어요.
정말 멋진 경험이었어요.

약(2)

감기에는
꿀물이 약이래요.
귤이 약이래요.
푹 쉬는 게 약이래요.
그리고 공부에는
열심히 노력하는 게
약이래요.

소망

어느 날,
나는 새가 되고 싶었습니다.

하얀 구름 사이로
푸른 하늘을 마음대로 날아다니는
한 마리 작은 새가 되고 싶었습니다.

어느 날은
나무가 되고 싶었습니다.

온갖 새들이 날아와서
편히 쉬어 갈 수 있는
그런 나무가 되고 싶었습니다.

그러나 지금은
흙이 되고 싶습니다.

아름답고 훌륭한 나무를
튼튼하게 키우는
말없는 흙이 되고 싶습니다.

게으름뱅이

게으름뱅이가 있었습니다.

남들은 밖에서 열심히
일을 하는데,

게으름뱅이는 방 안에서
쿨쿨 잠만 잤습니다.

어느 날, 게으름뱅이 집에
불이 났습니다.

동네 사람들이 달려와
중요한 물건들부터 먼저
밖으로 들어냈습니다.

게으름뱅이도 급했던 모양입니다.
자기가 제일 아끼던 걸
들고 나왔습니다.

용기

용기란?
성냥 같은 거예요.

마음만 먹으면 언제나
불을 켤 수 있지요.

용기란?
성냥불 같은 거예요.

꺼뜨리지 않고
오래 지키기 어렵지요.

꼴찌

줄 설 때 항상
꼴찌인 돌이
꼴찌라서 늘 기가 죽네요.

꼴찌 돌이, 기죽지 말고
뒤돌아 서 봐요.

그것 봐요.
뒤돌아 서니 일등이
되잖아요.

그래요, 꼴찌라고
영원한 꼴찌가 아니에요.
때론 꼴찌가 일등이
될 수도 있어요.

비누

손만 대면 히히힛!
도망을 가요.

비누가 나처럼
간지럼을 타나 봐요.

가만 있어!
가만 좀 있으래도!

힘주어 잡으면
더 멀리 도망을 가요.